Segun Adebajo

Estados Unidos da África Praxis

Segun Adebajo

Estados Unidos da África Praxis

ScienciaScripts

Imprint
Any brand names and product names mentioned in this book are subject to trademark, brand or patent protection and are trademarks or registered trademarks of their respective holders. The use of brand names, product names, common names, trade names, product descriptions etc. even without a particular marking in this work is in no way to be construed to mean that such names may be regarded as unrestricted in respect of trademark and brand protection legislation and could thus be used by anyone.

Cover image: www.ingimage.com

Este livro é uma tradução do original publicado sob ISBN 978-620-0-48286-0.

Publisher:
Sciencia Scripts
is a trademark of
International Book Market Service Ltd., member of OmniScriptum Publishing Group
17 Meldrum Street, Beau Bassin 71504, Mauritius
Printed at: see last page
ISBN: 978-620-0-99878-1

ÍNDICE

ESTADOS UNIDOS DE ÁFRICA

NAÇÕES SOBERANAS AMÁLGAMA DIPLOMÁTICA DEMOCRÁTICA PRAXIS

PREÂMBULO

Nós, os filhos do nosso ALTÍSSIMO DEUS dado país como descendentes de ADAM e EVE. O céu fica aquém da glória do Nosso Criador. Este dia declara TRÊS MESESES AMNÉSTIMOS a todos dentro e fora das nossas PAREDES DE PRISÃO como oportunidades de INTERVENÇÕES DIVINAS para um novo começo.

Comprometemo-nos a fazer a transição de um novo avião desprovido de intenções criminosas e de responsabilidades ambíguas do cupido para todas as LEIS MOSÁICAS pré-históricas, LEIS SHARIA e as para sempre emergentes PRECEDÊNCIAS JURÍDICAS DAS REGRAS DE LEI pelos nossos pecados pró-fligidos e misédiosos canais.

Nós VOUTCHAMOS a nossa total submissão ao Nosso CRIADOR e lamentamos muito por merecer MERCÍCIOS DIVINOS por GRAÇA e nunca degenerar por continuos recriar a anarquias dos nossos vários e colectivos pecados.

Hoje decidimos merecer as promessas do paraíso sem mais contradições, mas com transparências de honestidade, vivendo de boas acções e serviços aos nossos vizinhos, serviços à

Humanidade nos nossos respectivos Concelhos, Estados e Amálgamas de Nações Soberanas. Nunca mais a actos de destruição destrutiva, mas sim de actos construtivos, palavras e desenvolvimentos de bom carácter. Viver como PATRIZADORES responsáveis e não como CITZENTES de instabilidades Agentes de má governação ou ingovernáveis das legitimidades da boa governação.

Que Deus Todo-Poderoso ajude a nossa Unidade Soberana como uma União para sempre POGRESSIVA e não pela nossa recatação às anarquias de SINS para merecer todas as promessas de chuveiros do céu apenas pela graça.

Aqueles que se INSISTEM nas VELHAS PENALIDADES JUDICIAIS serão responsáveis pelas PENALIDADES MÁXIMAS das PUNITIVIDADES JUDICIAIS de todos os nossos HIERACHIES DE DIREITO JUDICIAL Por FINES, JAIL TERMS ou DE MORTE de cadeiras eléctricas, câmaras de gás ou injecções letais nas nossas PRISÕES.

ASSIM, DEUS NOS AJUDE, VIVAM OS ESTADOS UNIDOS DE ÁFRICA, O NOSSO DEUS DEU AMÁLGAMA A NAÇÕES SOBERANAS.

O GRANDE SONHO AFRICANO

Todos os cidadãos com possibilidades de investimento que possam Capitular a sua Inteligência para viabilizar empreendimentos lucrativos e garantir 1000% de retorno de subsídios de decolagem dentro de TERMOS CURTOS OU LONGTERMS como pode ser aprovado pelas Disposições Legislativas de todos os níveis de governo da Amalgamating Sovereign Nations as UNITED STATES OF AFRICA EMPLOYMENTS GENERATIONS é o GRANDE DREAM AFRICANO.

Cada PROPOSTAS DE PROPOSTAS DE PROPOSTAS DE PROPOSTAS PARA SEMPRE COMO GERAÇÕES Dividem heranças CLASSIFICADAS como Inteligência Superior, pelo que as rendidas serão priorizadas em cada exercício orçamental Dotações orçamentais como DEUS PRÓPRIO PAÍS DE JESUS CRISTO, pelo que DETERMINADO um Talento da segurança social a 2 -3 - 4 -5 REGRAS DO REINO DOS Talentos com todos os RISCOS DE SEGURANÇA Liscenciados para transportar PISTOL.

DISPOSIÇÕES DEMOCRÁTICAS DIPLOMÁTICAS

1. O Presidente Executivo e o Comandante-em-Chefe dos Estados-nação que desejem amálgama soberana como ESTADOS UNIDOS reunir-se-ão em sessão extraordinária. Convidarão todos os interessados relevantes da comunidade mundial das Nações a apresentarem as suas declarações formais não negociáveis enquanto ESTADOS UNIDOS, para os apêndices das mesmas.

2. Todos os Presidentes e Comandantes-em-Chefe dos Estados soberanos amalgamados como Estados UNIDOS signatários dos documentos históricos seleccionarão entre eles o primeiro Presidente da Protempore e Comandante-em-Chefe das Forças Armadas Conjuntas das nações soberanas amalgamadas como ESTADOS UNIDOS, que serão rotacionados de dois em dois anos até que todas as infra-estruturas básicas do governo federal dos Estados soberanos UNIDOS sejam criadas para garantir o mandato eleitoral de quatro anos.

3. O Presidente e o Comandante Supremo desempenha o duplo papel de Governador Executivo do seu Estado nacional. Enquanto outros presidentes continuarão a exercer as funções de Governadores Executivos do respectivo Estado nacional.

4. Todos os oficiais eleitos e nomeados políticos dos Estados membros das Nações Unidas continuarão em funções

5. Os n.os 2, 3 e 4 supra devem, no termo dos respectivos mandatos de construção democrática, desocupar os seus cargos, mas devem continuar nos seus respectivos gabinetes e, em caso de contestação, ocupar aposentos mais elevados, caso contrário, como poderão ser devolvidos pelas eleições gerais dos respectivos Estados-nação

AJUSTAMENTOS ESTRUTURAIS

1. Os Estados das Nações manterão os cargos dos respectivos Ministros, Senadores/Membros favoráveis das suas Casas

de Assembles e das Hierarquias Judicaturais dos respectivos governos federais, que passarão a ser conhecidos como Governo Estadual.

2. Os Governos dos Estados-nação devem destituir os gabinetes dos Governadores dos seus Estados-nação como Presidentes Executivos e, doravante, passar a ser conhecidos como Área de Conselhos Distintos. Serão mantidos os gabinetes dos respectivos Comissários e dos membros da Câmara das Assembleias.

3. As Áreas dos Conselhos Distritais dos Estados das Nações Unidas devem actualizar os gabinetes dos respectivos Presidentes dos Conselhos Executivos na qualidade de Presidentes de Câmara Executivos e, doravante, conhecidos como Governo da Área de Desenvolvimento. Devem manter todos os gabinetes dos Conselheiros Honorários, etc.

II O DESENVOLVIMENTO DAS INFRA-ESTRUTURAS DE BASE DO GOVERNO FEDERAL

O Presidente da Protempore e o Comandante-em-Chefe Supremo com um mandato rotativo de dois anos trabalhará com todos os níveis de governo do Estado Nacional nos Estados Unidos da América soberanos amalgamados para activar indefinidamente os seguintes

1. Rever as Constituições dos Estados membros como um pedigree para uma Assembleia Constitucional Federal que

estabeleça a soberana CONSTITUIÇÃO FEDERAL DOS ESTADOS UNIDOS

2.   O Comandante Supremo em Chefe com todos os Chefes de Segurança de todas as Forças Armadas Conjuntas deve controlar todos os excessos de detentores de cargos políticos e criminosos em toda a extensão geográfica dos Estados Nação soberanos amalgamados como ESTADOS UNIDOS. Isto deve incluir todos os responsáveis políticos nomeados e gladiadores, seja a que título for. Todos os orçamentos proibitivos eleitorais, as práticas corruptas e as remunerações exorbitantes, projectos que carimbam a conta de receitas de todos os Estados-nação através de dotações orçamentais.

3.   Todas as nações, enquanto signatárias da Federação Soberana dos Estados Unidos assim declarada, devem fornecer colectivamente fundos de emergência para o seguinte:

4.   No sector da energia eléctrica, os contadores de electricidade de leitura de cartões pré-pagos. Apenas os assinantes desse cartão pré-pago estão autorizados a consumir energia eléctrica assim gerada por todas as centrais de produção de energia. As antigas tarifas de leitura de contadores de electricidade serão gradualmente eliminadas no prazo de seis meses após as inaugurações da Amálgama de Estados Unidos da América (UNITED STATE Amalgam of Sovereign Nations Historic

todas as penas de morte confirmadas de todas as sentenças de Estado de Direito Adjunções após todos os recursos para os tribunais de recurso. Assim como outras sentenças inferiores confirmadas de penas de prisão ou de penas de multa determináveis de todos os Tribunais de Justiça Hierarquias.

Todos os homicídios deliberados e as vítimas de violência com armas perigosas serão objecto de processos judiciais com sentenças de morte. Todos os tipos de cocaína, heroína, cânhamo indiano, cannabis, Skunks e High concentrados de drogas duras perigosas consideradas PROSCRIBIDAS pelas NAÇÕES UNIDAS [UNO]. Todos os Barões/Comerciantes devem ser condenados à pena de morte enquanto todos os Utilizadores são presos sem prisão ou multas, mas com 72 golpes nus. Todas as Prostitutas DEN serão encarceradas e todas as Prostitutas apanhadas no ACT serão presas sem JAIL ou FINES, mas com 24 golpes nus.

Todos os CRIMES FINANCEIROS nos SECTORES PRIVADOS/PÚBLICOS que HITAM menos ou mais de N10 MILHÕES DE MILHÕES serão processados com confissões de PROPRIEDADES/CONGELADOS e todas as RESISTÊNCIAS PASSIVAS ou de outra forma de violência que tenham sido condenadas à MORTE.

O Ministério da Saúde federal procederá ao rastreio, fora das circulações, de todos os medicamentos excluídos do mercado com efeitos secundários não devidamente geridos por investigações baseadas na investigação e não inferiores a cinco anos. Os medicamentos assim aprovados para consumo público devem retirar todos os produtos que tenham expirado da circulação no termo das datas assim anunciadas nas suas embalagens. Todos os jovens e adultos que comprem medicamentos proibidos se forem apanhados pela lei terão 24 AVC sem multas e sem penas de prisão.

DISPOSIÇÕES DE EMERGÊNCIA ECONÓMICA.

1. Centrais nucleares e redes de cabos eléctricos para abastecimento ininterrupto de energia a curto prazo

2. A importação de produtos de base essenciais para complementar os produtos de serviços locais e a produção de bens

3. Projectos de formação e capacitação a complementar com a aquisição de equipamento produtivo micro e macroindustrial como empréstimos aos desempregados do sector privado

4. Negociações diplomáticas para a transferência de conhecimentos técnicos e de engenharia para a transformação de matérias-primas e para o fabrico/montagem/embalagem de produtos acabados

para dar início à economia dos ESTADOS UNIDOS. Amálgama soberana

5. O chefe da população conta em dados e logística detalhada da responsabilidade civil económica, política e social de todos os níveis de governo da amálgama da federação dos Estados Unidos da América. Este censo federal deve incluir a demarcação detalhada das terras de depósito natural e o âmbito da unidade de recursos humanos dos estados membros. Demarcações fundiárias inclusivas de cidades, vilas, aldeias, Hamlets e terrenos agrícolas mecanizados designados, plantações e localizações industriais

OS ESTADOS UNIDOS amalgamaram nações soberanas e suspenderão imediatamente a todas as partes interessadas várias acções industriais. Apenas as acções de gestão serão mantidas e sustentadas. OS ESTADOS UNIDOS atribuirão todos os anos, no orçamento, os pagamentos das acções detidas pelo Estado em causa.

A gestão dessas macro-componentes industriais de regulação dos preços nos sectores dos minerais sólidos, como os cimentos, deve ser paga pelo governo aos detentores de participações no sector da energia e da electricidade, a fim de regular os preços.

O governo é susceptível de fazer com que as taxas de câmbio da moeda local sejam dotadas do poder de compra final através da redução imediata dos preços em 40% a 60%, uma tal redução no processamento económico/comerciais dos recursos terrestres afectados, grandes depósitos/preços de poupança para os consumos locais elevarão grandemente a moral dos povos e encorajarão o trabalho manual e a evolução da poupança. As receitas das exportações são, felizmente, determinadas pelas moedas mais bem geridas do mundo para trocar com a moeda local em dólares de um único dígito competitivos.

O Governo reduzirá subsequentemente o salário mínimo para o nível determinado actualmente e espera-se que caia para milhares de unidades e não para o inchaço da gestão incorrecta actualmente negociada por vândalos sem visão que fizeram com que a percentagem de pagamento de salários para as estimativas orçamentais anuais excluísse as anarquias da Sodoma económica e os defensores da gomorra política fossem listados e excomungados das impressões digitais e das ondas aéreas electrónicas.

Todas as medidas políticas erradas devem ser corajosamente banidas. Todas as resistências feridas e violentas devem ser detidas, processadas e executadas.

Os tumultos governamentais determinarão os pronunciamentos endémicos que fazem a ponte para a paz em qualquer lugar. Todos os fora-da-lei serão assim detidos e confrontados com processos judiciais semelhantes. Todos os augúrios superiores que promovam a paz, a unidade, o progresso e a estabilidade do país devem ser encorajados.

VISITAS DE TRABALHO PRESIDENCIAIS

(A) ASSUNTOS INTER: O Presidente dos Estados Unidos da América, em toda a sua visita de trabalho interna, não poderá contar com mais de quinhentos funcionários políticos e civis do Departamento de Segurança e do Estado destacados para projectos destinados à entrada em funcionamento e à confirmação dos programas dos Estados em causa, bem como de todas as propostas de projectos para as negociações das visitas pré-presidenciais. O Presidente acenderá fogo com não mais de 10% dos seus governadores e secretários de Estado, incluindo 3 dos seus chefes de serviço.

(B) A amálgama de visitas de trabalho presidenciais estrangeiras dos Estados Unidos da América não deve fazer avançar mais de duas mil visitas de segurança e quinhentos diplomatas representando todos os sectores das negociações diplomáticas. Não deve incendiar com mais de 20% de Governadores e todos os seus secretários de Estado e 5 chefes de serviço para testemunhar todas essas visitas externas actualizações do memorando de entendimento entre todas as partes signatárias, tal como anunciado no comunicado assim emitido no final de cada visita presidencial de trabalho no estrangeiro.

As harmonizações de todos os ministérios existentes unidades departamentais, agências, organizações e federações de Estados Membros nos seguintes departamentos dos Estados

1. Departamentos de Educação dos Estados/Unidades

2. Departamentos de Trabalho e Produtividade do Estado/Unidades

3. Departamentos de Estado/Unidades de Comércio e Indústria

4. Departamentos de Ciência e Tecnologia do Estado/Unidades

5. Departamentos de Estado/unidades de Finanças

6. Os ministérios das Comunicações e da Informação serão agrupados sob a tutela dos departamentos de informação dos Estados/Unidades

7. Agricultura, minerais sólidos, petróleo, gás, recursos hídricos, energia, habitação, estradas e obras devem ser fundidos no âmbito dos Departamentos de Estado/Unidades de Recursos Terrestres.

8. Departamentos de Estado/unidades da Defesa

9. Departamentos de Estado/unidades da Justiça

10. Departamentos de Estado/unidades dos Negócios Estrangeiros

11. As unidades ministeriais de transportes, de turismo, de religião, de cultura e diversas unidades ministeriais serão fundidas sob a égide dos Departamentos de Assuntos Internos dos Estados/Unidades

7.   Executivos dos Estados

8.   Legislaturas dos Estados

9.   Estados Judiciários

10.   Todos os cargos da função pública e políticos dos Estados

11.   Conselhos Distritais Executivos

12.   Câmaras Municipais Legislaturas

13.   Câmaras Municipais Judiciários

14.   Todos os Conselhos Distritais da Função Pública e Gabinetes Políticos

15.   Executivos das Áreas de Desenvolvimento

16.   Áreas de Desenvolvimento Legislativas

17.   Área de Desenvolvimento Judiciários

18.   Todas as Áreas de Desenvolvimento Serviços Públicos e Gabinetes Políticos

A Constituição cria o cargo de Presidente e Comandante-em-Chefe Supremo das Forças Armadas Conjuntas dos Estados Unidos.

Os estatutos estabelecem os gabinetes dos Governadores Executivos e dos Chefes dos Serviços de Segurança dos Estados membros dos ESTADOS UNIDOS.

Os estatutos estabelecem os gabinetes dos Presidentes Executivos das Unidades dos Estados membros das Nações que passarão a ser conhecidos como zonas de conselho distrital.

A Constituição cria os Gabinetes de Presidentes de Câmara Executivos de Unidades Áreas de Governo Local nas áreas do Conselho Distrital das Nações membros Áreas que passarão a ser conhecidas como Áreas de Desenvolvimento.

Todos os níveis de governo dos Estados Membros devem continuar com os seus actuais sistemas de modos de funcionamento do governo.

AS DISPOSIÇÕES CONSTITUCIONAIS NÃO ESCRITAS

Os desenvolvimentos constitucionais estabelecerão disposições não escritas para os sectores público e privado organizado. Todos os grupos profissionais, associações, organizações e federações de unidades apresentarão a constituição dos respectivos grupos como disposições não escritas para a mediação judicial de todos os litígios e crises de conflitos/criminalidades das práticas profissionais dos respectivos grupos.

Todos estabelecem a precedência histórica do Estado de direito, a nível mundial, através da constituição dos ESTADOS UNIDOS federadores, como disposições não escritas para uma intervenção judicial expedita em todas as questões e assuntos decorrentes das crises de desenvolvimento contemporâneas em todos os sectores dos litígios internos e responsabilidades penais estrangeiras dos ESTADOS UNIDOS federadores para com os cidadãos.

Toda a legislação relevante sobre questões decorrentes do planeamento anual a curto e longo prazo de todos os níveis de Governo dos Estados federadores da ONU, incluindo toda a vasta gama de conhecimentos cada vez mais abrangentes para a gestão de todos os factores negativos que mitigam as explosões populacionais, a criação contínua de altos chefes pelo conselho tradicional de chefes que se apoderam da sua nação em perigo nacional, o crescimento económico nacional a partir da estagnação e da expansão das infra-estruturas cívicas, as manutenções críticas e as responsabilidades administrativas políticas.

AS CONSTITUIÇÕES LEIS ELEITORAIS PROVISÓRIAS

A lei eleitoral provisória constitucional atribui à COMISSÃO ELECTORAL FEDERAL (FEC) o poder de estabelecer infra-estruturas de base Dados e logística para as eleições gerais para os cargos políticos do Governo federal dos ESTADOS UNIDOS federados.

A Comissão Eleitoral Federal (FEC) organizará igualmente eleições em todos os níveis de governo, nomeadamente :

1.   Governo do Estado

2.   Conselhos Distritais Áreas Governos

3.   Áreas de desenvolvimento Governos

Espera-se que todos os partidos políticos existentes dos ESTADOS UNIDOS federados iniciem planos de fusão para o surgimento de mega partidos políticos a concorrer em todas as eleições gerais e considerados registados pela Comissão Eleitoral Federal (FEC)

As formações de partidos políticos multinacionais emergentes serão licenciadas com orçamentos eleitorais financeiros e desenvolvimento infra-estrutural a partir da conta da receita federal

Haverá leis eleitorais provisórias para regular todas as lealdades e inclinações das filiadas políticas, disputas eleitorais e crises intrapartidos políticos, a par de intervenções judiciais e mediações por preferências públicas, não mandatos extra-ditatoriais das poucas aquisições de poder privilegiadas, mas o voto por argumentos superiores

D O TERRITÓRIO DA CAPITAL FEDERAL

O território designado da capital federal dos ESTADOS UNIDOS federados não terá estatuto de residência permanente.

As legislações de habilitação devem habilitar o Governo Federal a desenvolver o Território da Capital Federal da seguinte forma:

1.   Casa de Estado

2.   Ligações federais dos Departamentos dos Estados Complexos administrativos

3.   O Complexo das Câmaras de Assembleias Legislativas

4.   O Complexo Administrativo Judiciário Federal

5.   Quartel-General da Defesa

6.   Sede da Força Naval Conjunta

7.   Quartel-General Conjunto do Exército

8.   Sede da Força Aérea Conjunta

9.   Quartel-General Conjunto das Forças Policiais

10. Quartel-General Conjunto das Forças Militares Para

11. O complexo administrativo do Banco Central Apex

12. Residencial VIP Executivo

13. O secretariado administrativo da função pública federal

14. Quadros superiores de alto nível/estabelecimentos residenciais para trabalhadores

15. Oficiais de nível júnior/trabalhadores Residenciais

16. Aeroporto Internacional, Rede Rodoviária e Serviço de Tráfego Comunitário

17. Desenvolvimento de infra-estruturas sociais diversas

18. O Governo doou infra-estruturas básicas a todas as missões do Alto Comissariado das Nações Unidas para os Estados Unidos da América (UNITED)

19. Rede hoteleira

1.   Jardins Hortícolas

2.   Parques públicos

3. Estádio desportivo, como os padrões olímpicos

4. Teatros musicais/filmes

5. Centros de culto religioso

6. Atracções culturais e turísticas embelezamentos

7. Redes de energia/cabo

8. Redes de condutas de água

9. Departamento de limpeza e manutenção

10. Corpo de Bombeiros, Universidade, Colégios e escolas de Montessori.

11. Hospitais e centros recreativos

12. Todas as organizações, federações, associações, sindicatos empresariais e apolíticos relevantes Headquaters

13. Sede dos partidos políticos

14. Sede da Comissão Eleitoral Federal

15. Serviços de metropolitano necessários

(2) Armazéns/Departamentos/etc/etc

Todos os residentes no território da capital federal na qualidade de funcionários públicos eleitos ou nomeados, ou de representantes políticos ou apolíticos ou executivos e trabalhadores devem desocupar os seus aposentos oficiais no termo dos seus mandatos ou na qualidade de reformados.

Idem a quaisquer outros residentes no território da capital federal que não sejam considerados renumerados ou autorizados por lei a permanecer para além das razões invocadas para a sua presença no território da capital federal.

A ECONOMIA DOS ESTADOS UNIDOS: AMÁLGAMA DE NAÇÕES SOBERANAS

As moedas unificadoras dos Estados Unidos da América devem ser determinadas pelas forças do mercado nas economias nacionais dos Estados membros. Uma auditoria aprofundada das contas das receitas públicas dos estados-membros e do depósito total em instituições financeiras locais e estrangeiras das antigas moedas dos estados-membros, bem como dos volumes estimados em cofres privados, deve determinar a logística das moedas unificadoras da economia dos estados unidos que procedem à fusão.

As receitas geradas pelos impostos como receitas internas e as receitas de todas as exportações devem ser reinvestidas na economia, enquanto renumeração e habilitação de todos os sectores profissionais divididos ao abrigo dos 13 departamentos de Estado identificados e dos respectivos 105 departamentos de unidades.

As legislações governamentais sobre instrumentos financeiros devem tornar as forças do mercado mais rigorosas e não através da actual cunhagem excessiva de moedas para complementar as receitas geradas pelo governo dos Estados-nação.

O que deve justificar uma nova cunhagem de moeda é a substituição de moedas espinhosas e avisadas e o volume complementar de moedas necessárias para suavizar um instrumento financeiro bem gerido que tornou necessária a proliferação de bens, produtos de serviços e tarifas cívicas governamentais como empréstimo em condições favoráveis às preocupações económicas profissionais das empresas. Tais empréstimos, enquanto técnicas sistémicas de injecção de novas moedas de cunhagem, serão produtivos e não pelas actuais visões dispersas de interesses paroquiais estreitos de marginalização seccional e desvios para propriedades privadas de líderes corruptos ineptos e sem visão nos corredores do poder.

A economia tem de ser impulsionada por uma economia hercúlea. Todos os produtos e bens de serviços hercúleos produzidos, ou seja, o fabrico, fabrico, transformação, montagem, construção, embalagem, manutenção e disciplinas de instrução em todos os sectores devem estar na vanguarda de todas as medidas políticas postas em prática para o crescimento económico nacional. Estas devem ser complementadas por uma boa governação para uma maior estabilidade política, por medidas de justiça/segurança social e por construções e reconstruções maciças, que devem ser complementadas por desenvolvimentos infra-estruturais privados, públicos e governamentais, à medida que o crescimento nacional passa de estagnações, grilhões de pobreza, em fase de desenvolvimento e rápida evolução para uma civilização moderna de todos os sectores.

POLÍTICA(S) EXTERNA(S)

A amálgama de nações soberanas como Estados UNIDOS Os Altos Comités Diplomáticos no estrangeiro serão uma única voz colectiva dos respectivos governos e dos respectivos povos, que serão objecto de referendos determinantes para permitir que a agenda e as medidas políticas desses Estados UNIDOS declarem provas históricas documentadas como uma amálgama colectiva soberana.

As questões internas contemporâneas sobre os ganhos e as crises de necessidades e de desejos que daí decorrem nas reconstruções nacionais e no rápido desenvolvimento de todos os níveis de governo e de todos os sectores dos Estados Unidos da América amalgamadores devem ser devidamente empenhadas em negociações diplomáticas para soluções financeiras e materiais que implorem transferências de conhecimentos sobre técnicas e logística sistémica.

As medidas de política externa consistirão em integrar todos os sectores profissionais divididos por todos os factores relevantes nos sectores globais ética e ética.

As nações soberanas amalgamadoras como ESTADOS UNIDOS são passíveis de todos os vetos neocoloniais variados e interesses comuns das superpotências na comunidade económica global. Esses interesses garantem a segurança global, promovem culturas éticas, controlam os terroristas, encorajam a boa governação, injectam a paz na política global através das legislações em matéria de direitos humanos e da prevenção de guerras e conflitos.

CONTRATOS PRÉMIOS: OS ESTADOS UNIDOS As disposições provisórias da Amalgam irão rever todas as medidas políticas existentes para favorecer a adjudicação de contratos para todos os projectos e as iniciativas do sector privado. A maioria dos fornecimentos industriais para todos os projectos de capital público e privado terá todos os seus fornecimentos de material de conteúdo local provenientes de depósitos nacionais regulamentados como doações sociais gratuitas para todos os contratantes governamentais e privados com a desregulamentação de todos os fornecimentos industriais. O Governo nunca mais dirá que as participações inchadas de produtos de serviços e de bens de consumo de produtos e de bens de consumo de alto preço por parte dos empresários do cupido, em detrimento das reconstruções e construções nacionais de todos os novos projectos de capital, pelo menos a cada novo ano, a cada oportunidade proporcionada pelo orçamento nacional.

Os ESTADOS UNIDOS amálgama de nações soberanas sujeitas a esta práxis reduzirão assim os custos de construção de todos os projectos e a implementação de programas em 80%, com a capacitação dos resultados da investigação capitalizada em todos os sectores, a fim de promover sistemas humanos e concursos claros de cortes entre a COMPETÊNCIA e as GRATIFICAÇÕES INDOLENTES mediocratas.

O acima exposto justificará uma legítima diferença de classe social em todas as chamadas profissionais e será alimentado pelos necessários venenos do Estado de direito/direitos humanos privilegia a arbitragem pelos tribunais de justiça das Nações Amalgamadoras como ESTADOS UNIDOS para promover o trabalho árduo e vinga as dignidades do trabalho e a produtividade legítima de todas as empresas.

Todas as reconstruções de capital de desenvolvimento e qualquer desenvolvimento infra-estrutural semelhante que possa ser anunciado em cada ano de dotações orçamentais devem ter todas as redes rodoviárias equipadas com drenagens que possam acomodar condutas para água, telefonemas a gás e cabos eléctricos.

Todas estas estradas em Cidades/Parques/Aldeias devem ter percursos pedonais actualizados com sapatos de Cavalo concretos sólidos em ruas de baixo rendimento, enquanto todas as avenidas e Herdades de alto rendimento (Receitas) geradoras de rendimentos de sobrancelhas são feitas com percursos pedestres em mármore cerâmico. Todos os recantos estreitos das duas Cidades/Cidades devem ser igualmente actualizados em conformidade com os pavimentos em betão maciço com sapatos de Cavalo ou em mármore cerâmico, para serem agraciados com placas de Horticultura. OS ESTADOS UNIDOS: as nações soberanas amalgamadas devem relaxar todos os gargalos de garrafas de materiais de empreiteiros, necessários para todas as camadas de especulações e adjudicações de contratos governamentais. O governo pode não necessitar de subsídios para a fixação dos preços, mas esses depósitos de materiais são disponibilizados gratuitamente aos contratantes governamentais e às agências de fornecimento, a fim de reduzir os custos dos contratos e do fornecimento de equipamentos, como parte dos negócios/negociações de contratos com o governo. Todas as agências de abastecimento e indústrias de construção devem ser autorizadas a instalar equipamentos industriais para a extracção mineira, refinação, processamento, embalagem e aquisição gratuita de todas as possibilidades de recursos terrestres e, se for caso disso, a partir dos meios terrestres e aquáticos geográficos nacionais, com exclusão de todos os acordos com terceiros, apenas entre camadas da administração pública e empresas registadas. Os factores de produção dos empreiteiros locais e todas as angústias de abastecimento devem ser incentivados, com licensa, a importar materiais de construção. Estes devem ser complementados com a inteligência avançada das civilizações mais antigas, com a experiência dos contratantes estrangeiros com pedidos competitivos de adjudicação de contratos.

ADMONIÇÕES
A TODOS OS GOVERNOS DO MUNDO

Espera-se que respeite todas as provas razoavelmente concludentes que lhe tenham sido dadas para o seu mandato. Todas as questões contemporâneas, profundamente debatidas e resolvidas, devem ser o seu poder nos mandatos políticos que lhe foram conferidos.

Sempre que errou nas questões eleitorais contemporâneas, questões decorrentes de POLÍTICAS erradas, por favor aceite todos os veredictos dos povos, em todos os mecanismos de legitimação e Estado de Direito disponíveis, para adaptar os seus estimados povos depositados em si. Tem licença para cumprir o seu mandato e deve continuar em funções se e quando não for devolvido pelas compras de poder e privilégios do cargo.

Não abuse do seu cargo e desconsidere todas as virtudes corruptíveis. Deve estar vivo para todas as expectativas e viver de forma responsável apenas com os seus salários e subsídios legítimos. Nenhum como o senhor, anteriormente, em todo o mundo deixou os seus cargos, mas como se estivesse sentado a braços com a corrupção, com ilegalidades nefastas, dentro dos corredores do poder. Se insistirem nos velhos costumes e não tomarem medidas correctivas para esta praxis, estão sujeitos a excomunhões públicos por parte da imprensa e não serão festejados pelos eleitores e pelos cartazes de todas as gerações vindouras.

ESTADOS UNIDOS DE ÁFRICA

NAÇÕES SOBERANAS AMALGAMAM PRAXIS 13 DEPARTAMENTOS DE ESTADOS E 105 DEPARTAMENTOS DE UNIDADES.

(A DIRIGIR POR SECRETÁRIOS DE ESTADO)

Todos os níveis de governo nos ESTADOS UNIDOS: as nações soberanas devem estruturar as suas responsabilidades administrativas, políticas, sociais e cívicas como governo orientado para as pessoas, departamento funcional ministerial sob os 13 departamentos de Estados e 105 departamentos de unidades abaixo identificados. No planeamento a curto e longo prazo de todos os níveis de governo devem ser providenciadas infra-estruturas básicas para os Departamentos dos Estados/unidades.

Estas devem ser actualizadas por legislação com poderes regulamentares conexos para a gestão da população e do crescimento económico. O crescimento nacional causado pela boa governação, que permite um ambiente propício às oportunidades de investimento e ao desenvolvimento do crescimento do capital, deve ser gerido em profundidade.

DEPARTAMENTOS DE EDUCAÇÃO DO ESTADO/UNIDADES

Estes departamentos de Estado/unidades sustentarão todas as preocupações de TECNOLOGIA micro e macro económica e empresas industriais de responsabilidade limitada e pública com legislações que permitam o aumento constante da produtividade e a moderação dos preços dos bens e serviços. Tomará disposições para permitir o crescimento de todas as participações de capital, a fim de permitir a cooperação dos desempregados sem emprego e criar oportunidades para a entrada de vários novos investidores colectivos para ocupar todos os cidadãos em todas as redes comerciais da economia nacional e dos comerciantes de exportação.

1. EDUCAÇÃO MATERIAL DE ESTUDO DEPARTAMENTO UNIDADE DE COMPRAS INDUSTRIAIS   .

2. DEPARTAMENTO DE INFRA-ESTRUTURAS EDUCATIVAS

3. UNIDADE DE ESTUDANTES E BOLSAS DE ESTUDO DEPARTAMENTO

4. DEPARTAMENTO DE UNIDADES DE VENDA DE PENSÕES E GRATIFICAÇÕES

5. ESTUDOS AVANÇADOS DEPARTAMENTO DA UNIDADE DE EXAMES DO CONSELHO DE ESTUDOS

6. SERVIÇO DE HARMONIZAÇÃO DOS EXAMES DO ENSINO SECUNDÁRIO DO CONSELHO DIRECTIVO

7. DEPARTAMENTO DE EXAMES DO CONSELHO DE ADMINISTRAÇÃO DO ENSINO TÉCNICO

8. MONTOSSORI UNIDADE DO CONSELHO FISCAL DO ENSINO PRIMÁRIO

9. DEPARTAMENTO DE RECRUTAMENTO DE DIPLOMADOS E DE UNIDADES DE CAPACITAÇÃO

DEPARTAMENTOS DO ESTADO/UNIDADES PARA O TRABALHO E PRODUTIVIDADE

Este Departamento de Estado/Unidades deve abordar todas as possibilidades tecnológicas e científicas ultrapassadas, permitindo que os sistemas e inovações convencionais em todos os profissionais. A Global Sectoral divide a ética e o ethos para tornar as produções e a prestação de serviços menos complicadas e a extracção de energia para permitir a fácil taxação dos volumes sempre crescentes de consumíveis da economia nacional com o excesso de Exportações para gerar moedas fortes para um maior crescimento nacional e a criação de oportunidades legítimas para as gerações vindouras e para todas as novas populações de bebés assim declaradas em todos os países/centros de recenseamento que se seguem.

1. DEPARTAMENTO DA UNIDADE DE FORMAÇÃO E EMPODERAMENTO

   1. DEPARTAMENTO DE GERAÇÃO DE IMPOSTOS E RECEITAS
   2. DEPARTAMENTO DE CESSÕES DE TRABALHADORES

3. DEPARTAMENTO DE RECRUTAMENTO E CRIAÇÃO DE EMPREGO
4. FEDERAÇÕES SINDICAIS DE TRABALHADORES DEPARTAMENTO DA UNIDADE DE LIGAÇÃO DO GOVERNO

DEPARTAMENTOS DO ESTADO/UNIDADES PARA OS RECURSOS TERRESTRES

Este departamento Estado/Unidades gerará todas as matérias-primas para todas as preocupações individuais dos profissionais, incluindo o processamento de micro/macro para todas as produções e manufacturas de bens acabados e de equipamentos produtivos de serviços, embalagem e comercialização na economia nacional e no comércio de exportação para o estrangeiro, incluindo todas as fábricas de montagem.

Deve ser sobrecarregado com geradores de energia para todos os processos industriais de transformação de material para estradas, habitações e drenagens/pontes de drenagem. Todas estas devem ser exploradas por este serviço.

1. DEPARTAMENTO DE RESERVAS FLORESTAIS E DE RECUPERAÇÃO DE TERRENOS

2. DEPARTAMENTO DA UNIDADE DE DESENVOLVIMENTO DAS PLANTAÇÕES AGRÍCOLAS

3. DEPARTAMENTO DA UNIDADE DE DESENVOLVIMENTO DAS TERRAS AGRÍCOLAS

4. DEPAUPERAMENTO DA UNIDADE DE DESENVOLVIMENTO DAS RAÇAS ANIMAIS

5. DEPARTAMENTO DE AQUISIÇÃO DE EQUIPAMENTOS INDUSTRIAIS AGRO-ALIMENTARES

6. DEPARTAMENTO DA UNIDADE DA AUTORIDADE DE GESTÃO MARITIMES

7. GERAÇÕES DE ÁGUA E DEPARTAMENTO DA UNIDADE RESPONSÁVEL PELA INSTALAÇÃO DE CONDUTAS

8. REFINARIAS DE PETRÓLEO BRUTO E INSTALAÇÕES DE GÁS: DEPARTAMENTO DA UNIDADE RESPONSÁVEL PELA INSTALAÇÃO DE OLEODUTOS E GASODUTOS

9. PRODUÇÃO DE ENERGIA ELÉCTRICA E INSTALAÇÃO DE CABOS DEPARTAMENTO DA UNIDADE RESPONSÁVEL PELA INSTALAÇÃO DE CABOS

10. DEPARTAMENTO DE UNIDADES DE PROCESSAMENTO/EMBALAGEM/FABRICAÇÃO DE MINERAIS SÓLIDOS

11. DEPARTAMENTO DA UNIDADE DE GESTÃO DE ESTRADAS/HABITAÇÃO/ESGOTOS

DEPARTAMENTOS DE COMÉRCIO E INDÚSTRIA DO ESTADO/UNIDADES

Este Estado/Unidades vai apertar todos os gargalos de exploração que fazem subir as taxas de empréstimo de materiais da economia nacional e as taxas de câmbio dos comerciantes estrangeiros para tornar os preços competitivos. Os departamentos promoverão as participações de investimento em micro e macro empresas de responsabilidade limitada/ pública através de controlos/regulamentações legislativas de elevada qualidade e normalizadas.

1.   NORMA REGULAMENTAR E UNIDADE DE CONTROLO DE QUALIDADE DEPARTAMENTO

2.   DEPARTAMENTOS DE AQUISIÇÃO DE EQUIPAMENTOS PRODUTIVOS INDUSTRIAIS E UNIDADES DE MANUTENÇÃO

3.   DADOS SOBRE AS MATÉRIAS-PRIMAS E DEPARTAMENTO DE AGÊNCIA DE RECOLHA DE DADOS LOGÍSTICOS

4.   IMPOSTO E RECEITAS RECEITAS DE EXPLORAÇÃO DE UNIDADES

5.   CONTROLO DE CUSTOS E REGULAMENTAÇÃO DE PREÇOS DEPARTAMENTO DA UNIDADE DA AUTORIDADE

DEPARTAMENTOS DE FINANÇAS DO ESTADO/UNIDADES

Estes departamentos Estado/Unidades são designados com a responsabilidade de criar as reformas económicas que permitam controlar os notórios notórios notórios indolências criminosas e a dependência das populações desempregadas em relação à população activa. Todas as possibilidades de aquisição industrial de equipamentos produtivos micro e macro industriais para todos os sectores profissionais, ano após ano, nos orçamentos fiscais, como instrumentos financeiros para ocupar a população inactiva e melhorar a produtividade da classe trabalhadora dos bens produzidos e dos serviços prestados, a gerir pelas gerações de receitas diversas, tais como as baixas taxas de juro sobre as infra-estruturas cívicas e todos os impostos. As promoções de consumíveis económicos domésticos e as exportações para gerar cada vez mais reservas de divisas da conta da federação. Os departamentos financeiros devem fazer projecções para a recuperação do atraso em relação às civilizações dos primeiros países desenvolvidos do mundo no prazo de 400 anos. Todas as perdas financeiras e indisciplinares atrasarão essa recuperação para além do terceiro milénio. 10% de cada ano fiscal Orçamentos para salários/gratificações das pensões

1.   CASA DA MOEDA E IMPRESSÃO DE SEGURANÇA DIVERSA DEPARTAMENTO DE UNIDADES

2.   O BANCO CENTRAL DO ÁPICE

3.   DEPARTAMENTO DA UNIDADE DA AUTORIDADE DE GESTÃO DAS RESERVAS EXTERNAS

4.   DEPARTAMENTO DE CONTROLO BANCÁRIO COMERCIAL E AUTORIDADE REGULADORA

5.   INSTRUMENTOS FINANCEIROS E GERAÇÃO DE RECEITAS DEPARTAMENTO DA UNIDADE DA AUTORIDADE REGULADORA

6.   FEDERAÇÃO DEPARTAMENTO DE GESTÃO DAS CONTAS DE RECEITAS DA UNIDADE DE GESTÃO DA COMISSÃO

7.   DOTAÇÕES ORÇAMENTAIS DEPARTAMENTO DA UNIDADE DA COMISSÃO DE APROVAÇÃO DAS DOTAÇÕES

DEPARTAMENTOS DE CIÊNCIA E TECNOLOGIA DO ESTADO/UNIDADES

Este Departamento de Estado/Unidades deve abordar todas as possibilidades tecnológicas e científicas ultrapassadas, permitindo que os sistemas e as inovações convencionais em todos os profissionais. A Global Sectoral divide a ética e o ethos para tornar as produções e a prestação de serviços menos pesados, para permitir uma fácil taxação dos volumes sempre crescentes de consumíveis da economia nacional, com o excesso de exportações para gerar moedas fortes para um maior crescimento nacional e criar oportunidades legítimas para as gerações vindouras e para todos os recém-nascidos assim declarados em todos os países/centros de chefia que se seguem.

1. UNIDADE DE PROLIFERAÇÃO DE INSTALAÇÕES QUÍMICAS INDUSTRIAIS DEPARTAMENTO

2. PEÇAS/PROJECTO/ENGENHARIA/FABRICAÇÃO/CONJUNTOS DEPARTAMENTO DE UNIDADES DA AUTORIDADE

3. DEPARTAMENTO DE UNIDADES DE FACILITAÇÃO AUTOMÓVEL

4. FACILITAÇÃO DE AVIAÇÕES E DEPARTAMENTO DE UNIDADES DE DESENVOLVIMENTO DE CAPACIDADES

5. DEPARTAMENTO DE FACILITAÇÃO DE METROLINHAS E DE GESTÃO DE UNIDADES DE GESTÃO

6. DEPARTAMENTO DE FACILITAÇÃO TECNOLÓGICA MARÍTIMA E AGÊNCIA DE GESTÃO DE UNIDADES

7. DEPARTAMENTO DE AGÊNCIA DE TRANSFERÊNCIAS DIPLOMÁTICAS DE CIÊNCIA/TECNOLOGIA AVANÇADA/ENGENHARIA

8.   AUTORIDADE DE GESTÃO DE INSTITUIÇÕES DE INVESTIGAÇÃO CIENTÍFICA/TECNOLÓGICA/DE ENGENHARIA TRANSFERIDAS

SERVIÇOS DE DEFESA DO ESTADO/UNIDADES

Estes departamentos do Estado/Unidades estão autorizados a processar judicialmente os magistrados das prisões/ multas e a matar os juízes dos tribunais/veredictos de direito determinantes. Prevê para todos os oficiais de defesa um ambiente que lhes permita cumprir facilmente as suas responsabilidades constitucionais. Prender a violência criminosa de todas as colorações e a defesa de interesses soberanos patrióticos plausíveis. Os serviços de defesa estão habilitados a prender e perseguir até o Presidente/ Comandante-em-chefe e todos os cidadãos de todas as classes sociais por quaisquer responsabilidades penais que desloquem e promovam estagnações nacionais. Promoverão assim todas as opiniões viriles e o interesse e crescimento patriótico construtivo.

1.   QUARTÉIS-GENERAIS COMUNS DE DEFESA

2.   DEPARTAMENTO DE LOGÍSTICA DE APARIÇÕES MILITARES E REDES DE SINALIZAÇÃO

3.   UNIDADE DE LOGÍSTICA DE OPERAÇÕES POLICIAIS CONJUNTAS E UNIDADE DE REDE DE SINALIZAÇÃO.

4. OPERAÇÕES PARA-MILITARES CONJUNTAS E DEPARTAMENTO DE UNIDADES DE REDE DE SINALIZAÇÃO.

5. PATRULHAS CONJUNTAS SINALIZAM A SEDE

6. QUARTEL-GENERAL DE DEFESA MILITAR DEPARTAMENTO DE CONTRATOS INDUSTRIAIS DA UNIDADE DE GABINETE.

7. DEPARTAMENTO DA COMISSÃO DE GESTÃO DAS UNIDADES DE AQUARTELAMENTO E ARTILHARIA MILITAR

8. GABINETE DE INVESTIGAÇÃO CRIMINAL

9. SERVIÇO DAS PRISÕES E DA UNIDADE DE GESTÃO DOS CAMPOS DE REFUGIADOS

10. DEPARTAMENTO CONJUNTO DA UNIDADE CENTRAL DE INTELLIENCE DA DEFESA

11. DEPARTAMENTO CONJUNTO DAS ACADEMIAS DE DEFESA E DOS ESTABELECIMENTOS DE ENSINO

12. SERVIÇO CONJUNTO DE RENUMERAÇÕES DE DEFESA E AGENTES DA UNIDADE DE CARESCOMMISION

13. RECEITAS MILITARES GERAÇÕES COMISSÃO UNIDADE DE APARCAMENTO

14. DEPARTAMENTO DA UNIDADE DE GESTÃO CONJUNTA DO CONSELHO DE ADMINISTRAÇÃO DOS HOSPITAIS DE DEFESA

15. COMISSÃO DE FACILITAÇÃO DE CULTOS MILITARES INTERDENOMINACIONAIS DEPARTAMENTO DA UNIDADE DA COMISSÃO

16. TRIBUNAL DE DEFESA / TRIBUNAL MARSHALS DEPARTAMENTO DA UNIDADE DA COMISSÃO REGULADORA

SERVIÇOS DE JUSTIÇA DO ESTADO/UNIDADES

Os serviços deste Estado/Unidades serão responsáveis pelas punições de todas as inovações penais que desloquem todas as associações profissionais do grupo que tenham sido notificadas para estabelecer regras de licitação de acordos de obediência patriótica a todas as legislações e a precedência do Estado de direito sobre a apresentação determinável de todas as hiraquias dos tribunais de justiça . Todas as desobediências e ab-rogações serão processadas por este serviço.

1. FORMAÇÃO EM DIREITO E ESTUDOS JURÍDICOS AVANÇADOS DEPARTAMENTO DE EXAMES DO CONSELHO DIRECTIVO

2. ESTADO DE DIREITO DEPARTAMENTO DA COMISSÃO DE DESENVOLVIMENTO INFRA-ESTRUTURAL

3. SERVIÇO DA COMISSÃO DE HABILITAÇÃO PROVISÓRIA DOS JUSTICIÁRIOS

4. RENUMERAÇÕES DOS WOKERS JUDICIÁRIOS E DAS GERAÇÕES DE RECEITAS DEPARTAMENTO DA UNIDADE DA COMISSÃO

5. REVISÃO DA CONSTITUIÇÃO E ACTUALIZAÇÃO DO DEPARTAMENTO DA UNIDADE DE AGÊNCIA

6. BIBLIOTECAS JURÍDICAS E SERVIÇOS DE HARDWARE/SOFTWARE DE COMPRAS, DEPARTAMENTO DA COMISSÃO

7. FEDERAÇÕES SINDICAIS DE PROFISSIONAIS DA JUSTIÇA DEPARTAMENTO DA UNIDADE DE LIGAÇÃO PROVISÓRIA

DEPARTAMENTOS DO ESTADO/UNIDADES PARA OS NEGÓCIOS ESTRANGEIROS

Os departamentos de Estado/unidades devem determinar o curso das navegações nacionais a partir da violência por todas as normas e convenções mundiais de justiça retributiva, negociações diplomáticas pacíficas para os assuntos internos Os profissionais disciplinam medidas contra profligações regressivas da mente criminosa e antipatriótica e lideranças em todos os níveis de escolas de pensamento governamentais

1. HARMONIZADAS AS ALTAS COMISSÕES E AS EMBAIXADAS DE LIGAÇÃO DA SEDE.

2. DIPLOMATAS RENUMERAÇÕES E GERAÇÃO DE RECEITAS DEPARTAMENTO DA UNIDADE DA COMISSÃO

3. DEPARTAMENTO DE NEGOCIAÇÕES DA UNIDADE DE TRANSFERÊNCIA DE CONHECIMENTOS DE ALTA COMISSÃO

D) DEPARTAMENTO DE NEGOCIAÇÕES DA UNIDADE DE FACILITAÇÃO DAS EXPORTAÇÕES DAS ALTAS COMISSÕES

E) DEPARTAMENTO DA UNIDADE DE MODERAÇÃO E FACILITAÇÃO DAS IMPORTAÇÕES DE ALTA COMISSÃO

F) DEPARTAMENTO DA UNIDADE PROVISÓRIA DE APLICAÇÃO DA PAZ DAS ALTAS COMISSÕES

G) DADOS E LOGÍSTICA SOBRE O DEPARTAMENTO DE REGULAMENTAÇÃO DO TRÁFEGO DE EMBARCAÇÕES

DEPARTAMENTOS DE ASSUNTOS INTERNOS DO ESTADO/UNIDADES

Estes departamentos Estado/Unidades serão responsáveis pela regulamentação do tráfico de seres humanos e dos volumes de tráfico mecânicas dentro das fronteiras geográficas nacionais e para além das fronteiras. O departamento entrará em contacto com o departamento dos negócios estrangeiros para informar as massas através dos meios de comunicação social, permitindo a logística e os dados sobre as reservas nacionais de matérias-primas e depósitos naturais e permitindo o crescimento dos recursos humanos a nível nacional. O departamento informará as massas sobre o organismo, a higiene oral e ambiental, gerirá os resíduos domésticos e industriais, demarcará as terras e mediará os conflitos fundiários. Todas as legislações, tais como as relativas à desflorestação e ao controlo da poluição, sobre medidas punitivas, incluindo a tolerância religiosa, o turismo e a promoção dos valores culturais/tradicionais.

1. RECURSOS HUMANOS E DADOS/LOGÍSTICA PORMENORIZADOS SOBRE A RECOLHA DE DADOS/LOGÍSTICA DA POPULAÇÃO DEPARTAMENTO DA UNIDADE DE AGÊNCIA PROVISÓRIA

2. RENUMERAÇÃO DE TRABALHADORES E GERAÇÃO DE RECEITAS DEPARTAMENTO DA UNIDADE DA COMISSÃO

3. RECOLHA DE DADOS/LOGÍSTICA DE RECURSOS NATURAIS E MATÉRIAS-PRIMAS DEPARTAMENTO DA UNIDADE DE AGÊNCIA PROVISÓRIA

4. DEPARTAMENTO DA UNIDADE DE GESTÃO DOS ESTADOS DE EMERGÊNCIA E DAS AUTORIDADES DE GESTÃO DE CATÁSTROFES AMBIENTAIS

5. DEPARTAMENTO DA UNIDADE DA COMISSÃO CONSULTIVA DE REGISTO E LOCALIZAÇÃO DE EMPRESAS

6. DEPARTAMENTO DA UNIDADE DA AUTORIDADE DE GESTÃO DOS RESÍDUOS

7. DEPARTAMENTO DA AUTORIDADE DE REGULAMENTAÇÃO DOS TRANSPORTES

8. AUTORIDADE DE GESTÃO PROVISÓRIA DO TURISMO

9. DEPARTAMENTO DA UNIDADE DE FACILITAÇÃO DA RELIGIÃO E DA CULTURA

10. DEPARTAMENTO DA UNIDADE DE ÉTICA E DEONTOLOGIA DA AUTORIDADE CONSULTIVA NACIONAL

11. SERVIÇO DA UNIDADE DE RECONCILIAÇÃO NACIONAL E DA AUTORIDADE DE GESTÃO DE CONFLITOS

12. SERVIÇO DA UNIDADE DA AUTORIDADE DE GESTÃO DO TRÁFEGO RODOVIÁRIO

13. DEPARTAMENTO DA UNIDADE DA AUTORIDADE DE GESTÃO DO TRÁFEGO AÉREO

14. DEPARTAMENTO DA UNIDADE DA AUTORIDADE DE GESTÃO DO TRÁFEGO MARÍTIMO

15. SERVIÇO DE GESTÃO DO TRÁFEGO FERROVIÁRIO/METROLINHA

DEPARTAMENTOS ESTATAIS/UNITÁRIOS PARA INFORMAÇÃO

Este Estado/Departamentos das Unidades estão autorizados a processar judicialmente os magistrados das prisões/ multas e a matar os magistrados dos tribunais/legações judiciais hirachies determináveis. Deve proporcionar a todos os funcionários da Defesa um ambiente que lhes permita o fácil cumprimento   das suas responsabilidades constitucionais. Processar judicialmente os criminosos de todas as colorações e a defesa de interesses soberanos patrióticos plausíveis. O Departamento de Defesa terá poderes para prender e processar até o Presidente/Comandante-em-chefe e todos os cidadãos de todas as classes sociais por quaisquer responsabilidades criminais que desloquem e promovam estagnações nacionais. Promoverá assim todas as opiniões viris e os interesses e crescimentos patrióticos construtivos.

1. SATELLITES NETWORKS FACILATATIONS MANAGEMENTS COMMISSION COMMISSION UNIT DEPARTMENT

2. DEPARTAMENTO DE FACILITAÇÃO DE REDES DE TELECOMUNICAÇÃO COMMISION UNIT

3. DEPARTAMENTO DA COMISSÃO DE GESTÃO PROVISÓRIA DA RÁDIO E TELEVISÃO

4. DEPARTAMENTO DA UNIDADE DA COMISSÃO DE FACILITAÇÃO DA COMUNICAÇÃO NOS MEIOS DE COMUNICAÇÃO SOCIAL

5. DESENVOLVIMENTO DE SOFTWARE E CONTRATOS INDUSTRIAIS DE HARDWARE DEPARTAMENTO DA UNIDADE DA AUTORIDADE DE GESTÃO PROVISÓRIA

6. DEPARTAMENTO DE REGULAMENTAÇÃO DA INFORMAÇÃO E AUTORIDADE DE GESTÃO

DEPARTAMENTOS DE SAÚDE DO ESTADO/UNID ADES

Estas funções dos departamentos do Estado/Unidades são a prestação de serviços de saúde limpos e pagos e o serviço de aconselhamento em matéria de cuidados intensivos de alto nível, com uma investigação bem gerida e moderada para melhorar a prestação de serviços nas clínicas de saúde, bem como a regulamentação das práticas médicas e dos produtos farmacêuticos, o que implica a modernização do equipamento médico e a elevação do pessoal médico em formação e reciclagem.

Este departamento elaborará uma lista de todas as práticas médicas ultrapassadas e enumerará as indulgências proibidas em matéria de drogas, alimentos e consumíveis.

1. DEPARTAMENTO DA UNIDADE DO CONSELHO CONSULTIVO DE CUIDADOS INTENSIVOS

2. DEPARTAMENTO DE COMPRAS INDUTRIAL E DE FACILITAÇÃO DE EQUIPAMENTOS CLÍNICOS E CIRÚRGICOS

3. PROFISSIONALIDADE DE DROGAS FARMACÊUTICOS DEPARTAMENTO DA UNIDADE DA COMISSÃO

4. DEPARTAMENTO DE CURRÍCULO DE EDUCAÇÃO PARA A SAÚDE E UNIDADE DE EXAMES

5. DEPARTAMENTO DA COMISSÃO DE RENUMERAÇÃO DE PESSOAL MÉDICO

6. ASSOCIAÇÕES MÉDICAS ASSOCIAÇÕES SINDICAIS FEDERAÇÕES DE MÉDICOS DEPARTAMENTO DE UNIDADES DE ESCRITÓRIO

DEPARTAMENTOS DO ESTADO/UNIDADES PARA O ENTRETENIMENTO

Este Departamento de Estado/Unidades irá proporcionar uma cidadania íntegra, sã, forte, viril e ágil com as disposições aplicáveis a todos os residentes nos ESTADOS UNIDOS amalgamados nações soberanas. O desenvolvimento de infra-estruturas básicas de entretenimento e os treinos e reconversão de atletas/artistas que actuam e não actuam necessidades provisórias para todos os participantes em jogos desportivos em recintos fechados e ao ar livre, incluindo todas essas diversões para todos os residentes e turistas. O programa visa os menores de idade de todas as gerações. Deve desenvolver todos os mandatos nacionais de entretenimento e todos os interesses nacionais detalhados das necessidades e desejos de cidades, vilas, aldeias e aldeias.

1. DEPARTAMENTO DA UNIDADE DA COMISSÃO DE GESTÃO DAS FEDERAÇÕES DE FUTEBOL

2. UNIDADES DESPORTIVAS DIVERSAS UNIDADES DE GESTÃO DAS FEDERAÇÕES DEPARTAMENTO DA UNIDADE DA COMISSÃO DE GESTÃO

3. DEPARTAMENTO DA COMISSÃO GERAL DE INFRA-ESTRUTURAS DESPORTIVAS

4. DEPARTAMENTO DE REGISTO DE JOGOS DESPORTIVOS E DE UNIDADES DE AUTORIDADE REGULADORA

5. ACADEMIAS DESPORTIVAS DEPARTAMENTO DA COMISSÃO DE FACILITAÇÃO E GESTÃO DAS UNIDADES

6. COMISSÃO CONSULTIVA DE FACILITAÇÃO DOS CONTRATOS INDUSTRIAIS DE ARTIGOS DE DESPORTO

7. DEPARTAMENTO DA COMISSÃO GERAL DE DESENVOLVIMENTO DE INFRA-ESTRUTURAS DE ENTRETENIMENTO

8. ATHLLETES E PESSOAL RENUMERATION AND STAFFERS RENUMERATION AND REVENUE GENERATION COMMISSION UNIT DEPARTMENT

9. DEPARTAMENTO DA AGÊNCIA DE GESTÃO DO DESENVOLVIMENTO DE SALAS DE MÚSICA/FILMES

More
Books!

OMNIScriptum

FSC
www.fsc.org
MIX
Papier aus verantwortungsvollen Quellen
Paper from responsible sources
FSC® C105338